Impressum
Verlag: BABADADA GmbH, Nedderfeld 112 , 22529 Hamburg
Geschäftsführer / Verlagsleitung: Harald Hof
Druck: Books on Demand GmbH, In de Tarpen 42, 22848 Norderstedt

Imprint
Publisher: BABADADA GmbH, Nedderfeld 112 , 22529 Hamburg, Germany
Managing Director / Publishing direction: Harald Hof
Print: Books on Demand GmbH, In de Tarpen 42, 22848 Norderstedt

škola
escola

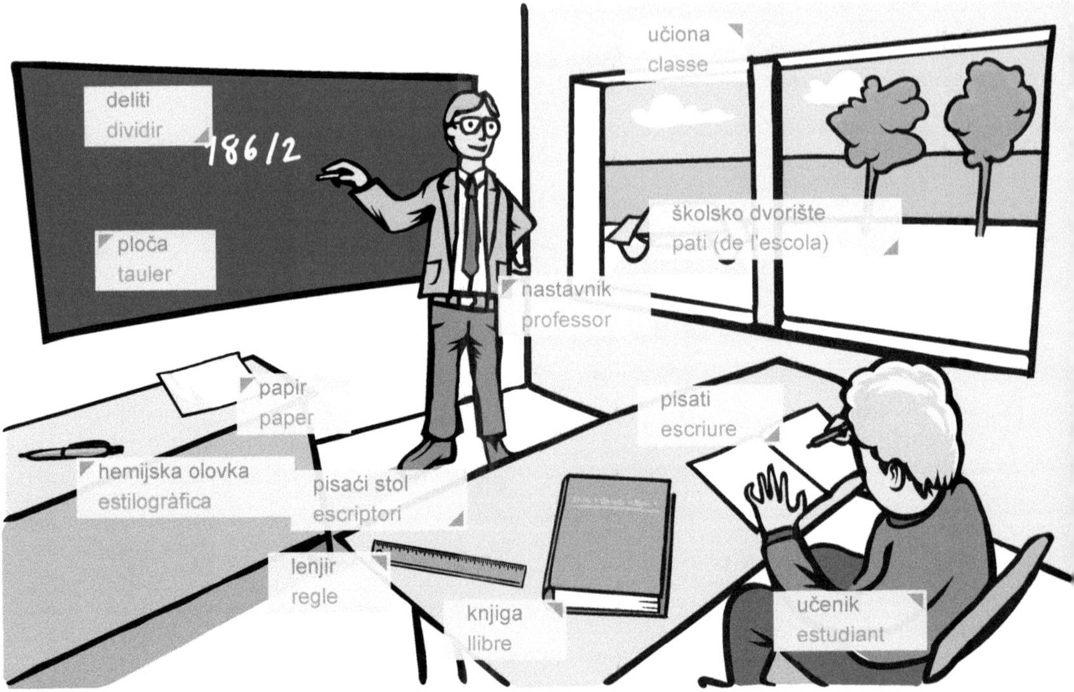

učiona
classe
deliti
dividir
186/2
školsko dvorište
pati (de l'escola)
ploča
tauler
nastavnik
professor
papir
paper
pisati
escriure
hemijska olovka
estilogràfica
pisaći stol
escriptori
lenjir
regle
knjiga
llibre
učenik
estudiant

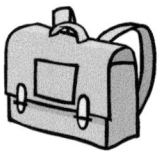

torba
....
bossa

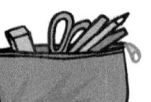

pernica
....
estoig

grafitna olovka
....
llapis

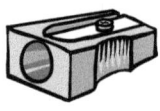

šiljilo za olovke
....
maquineta de fer punta

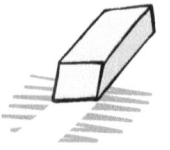

gumica za brisanje
....
goma

blok za crtanje
....
bloc de dibuix

crtež

dibuix

kist

pinzell

kutija sa bojama

capsa de pintures

makaze

tisores

lepilo

cola

beležnica

quadern d'exercicis

domaći zadatak

deures

broj

nombre

sabirati

afegir

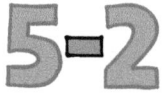

oduzimati

sostreure

množiti

multiplicar

računati

calcular

slovo

lletra

abeceda

alfabet

reč

mot

tekst

text

čitati

llegir

kreda

guix

čas

lliçó

dnevnik

llibre de classe

ispit

examen

svedočanstvo

certificat

školska uniforma

uniforme escolar

obrazovanje

formació

leksikon

enciclopèdia

univerzitet

universitat

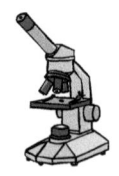

mikroskop

microscopi

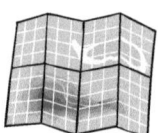

karta

mapa

košara za papir

paperera

putovanje
viatge

hotel
hotel
Grand
prenoćište
alberg
ROOMS
menjačnica
oficina de canvi
EXCHANGE
kofer
maleta
auto
automòbil

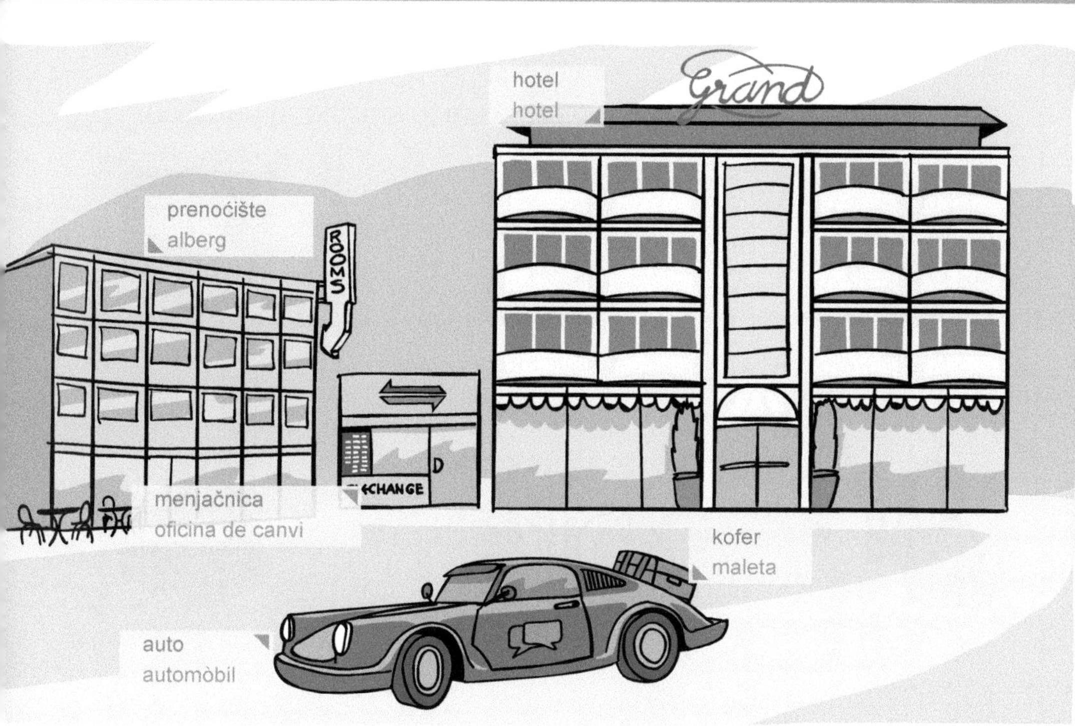

jezik

llengua

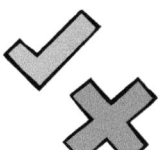

da / ne

sí / no

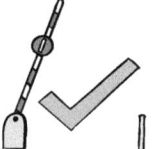

okej

D'acord

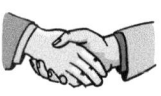

zdravo

Ey!

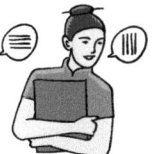

prevodilac

traductora

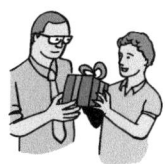

hvala

gràcies

Koliko košta...?

Quant costa... ?

ne razumem

No entenc

problem

problema

dobro veče!

Bona nit!

Dobro jutro!

bon dia!

Laku noć!

bona nit!

doviđenja

fins aviat

smer

direcció

prtljaga

bagatge

torba

bossa

ruksak

sarrona

gost

convidat

soba

cambra

vreća za spavanje

sac de dormir

šator

tenda

turističke informacije

oficina de turisme

plaža

platja

kreditna kartica

carta de crèdit

doručak

esmorzar

ručak

dinar

večera

sopar

karta za vožnju

bitllet

lift

ascensor

poštanska markica

segell

granica

frontera

carina

duana

ambasada

ambaixada

viza

visat

pasoš

passaport

transport

transport

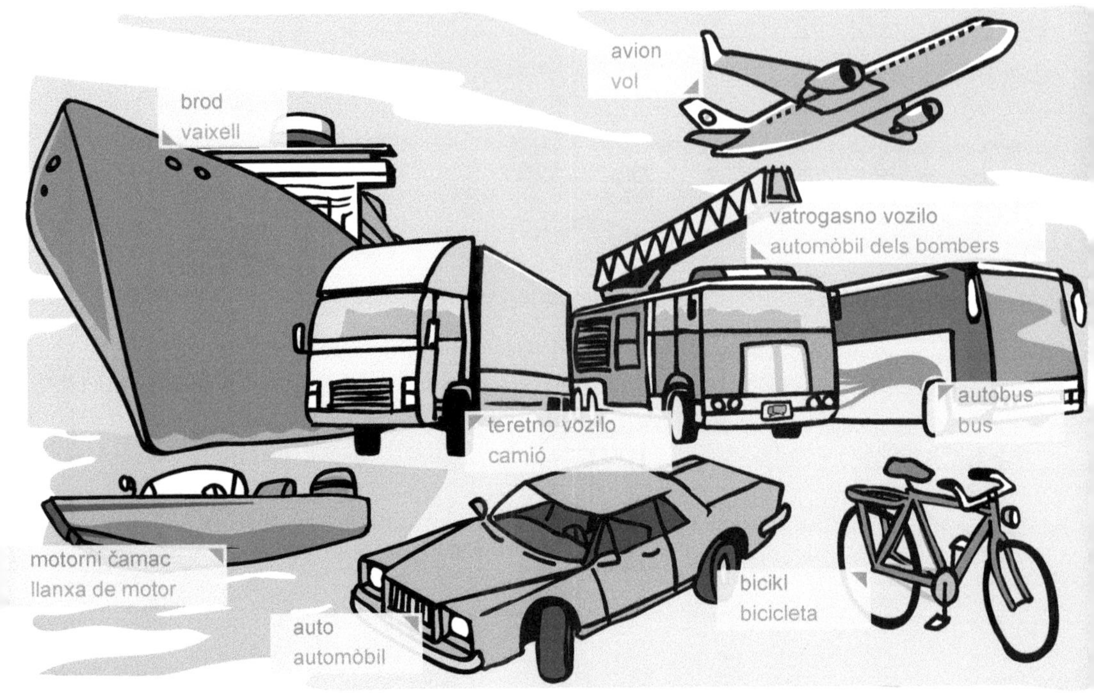
avion
vol
brod
vaixell
vatrogasno vozilo
automòbil dels bombers
autobus
bus
teretno vozilo
camió
motorni čamac
llanxa de motor
bicikl
bicicleta
auto
automòbil

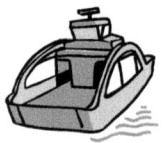

trajekt

transbordador

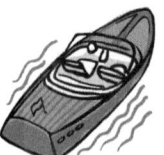

čamac

barca

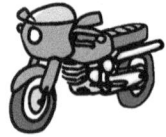

motocikl

moto

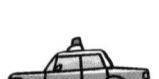

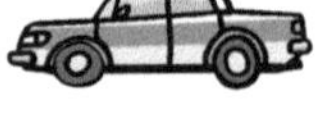

policijski auto

automòbil de policia

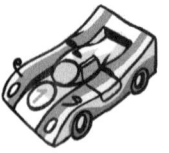

trkaći auto

automòbil de curses

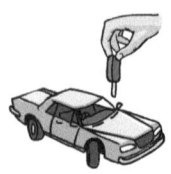

iznajmljeno auto

automòbil de lloguer

delenje automobila

vehicle compartit

vučno vozilo

grua

vozilo za odvoz smeća

camió de les escombraries

motor

motor

benzin

benzina

benzinska stanica

benzineria

saobraćajni znak

senyal de trànsit

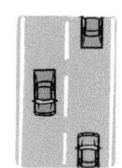

saobraćaj

trànsit

zastoj

embús

parkiralište

aparcament

železnička stanica

estació de trens

šine

vies

voz

tren

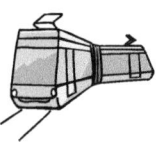

tramvaj

tramvia

vagon

vagó

helikopter

helicòpter

aerodrom

aeroport

kula

torre

putnik

passatger

kontejner

contenidor

karton

capsa de cartó

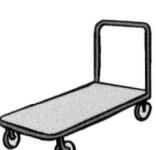

kolica

carretó

korpa

cistella

uzleteti / sleteti

enlairar-se / aterrar

grad

ciutat

selo

poble

centar grada

centre de la ciutat

kuća

casa

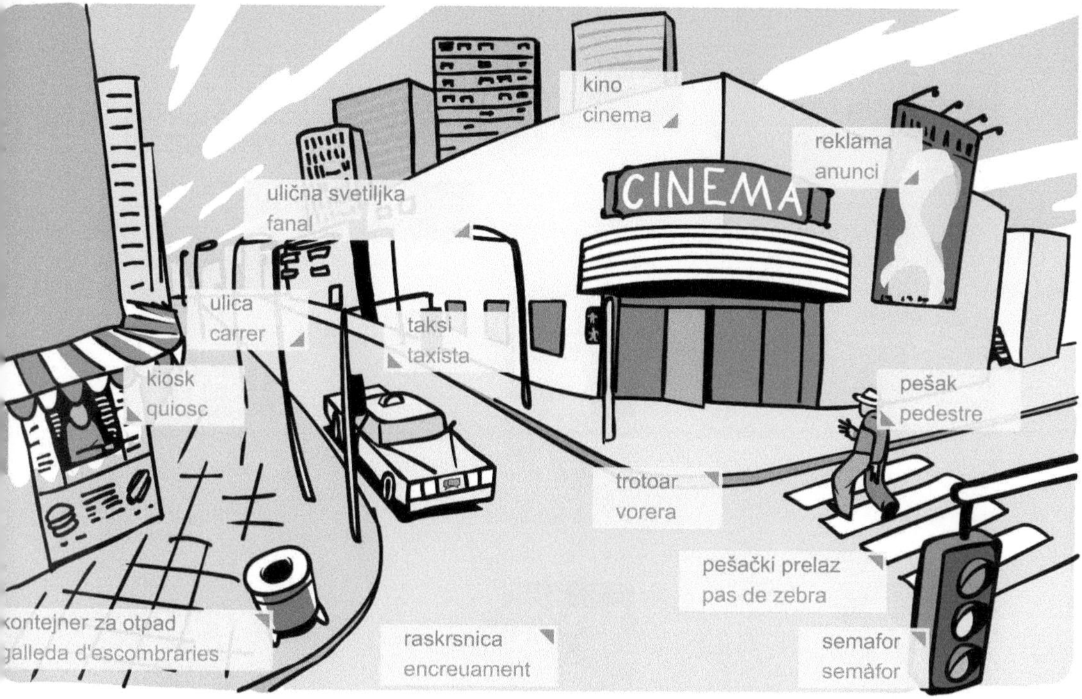

kino
cinema

reklama
anunci

ulična svetiljka
fanal

CINEMA

ulica
carrer

taksi
taxista

pešak
pedestre

kiosk
quiosc

trotoar
vorera

pešački prelaz
pas de zebra

kontejner za otpad
galleda d'escombraries

raskrsnica
encreuament

semafor
semàfor

koliba
cabana

stan
apartament

železnička stanica
estació de trens

većnica
casa de la vila-ciutat

muzej
museu

škola
escola

grad - ciutat

univerzitet

universitat

banka

banca

bolnica

hospital

hotel

hotel

apoteka

farmàcia

kancelarija

oficina

knjižara

llibreria

prodavnica

botiga

cvećara

floristeria

supermarket

supermercat

trg

mercat

robna kuća

gran magatzem

ribarnica

peixateria

trgovački centar

centre comercial

luka

port

park

parc

klupa

banc

most

pont

stepenice

escala

podzemna željeznica

metro

tunel

túnel

autobuska stanica

parada d'autobús

bar

bar

restoran

restaurant

poštansko sanduče

bústia de correu

ulični znak

senyal indicador

parkirni automat

parquímetre

zoološki vrt

zoo

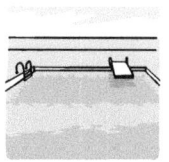

bazen

piscina

džamija

mesquita

seosko gazdinstvo

granja

zagađenje okoline

pol·lució

groblje

cementiri

crkva

església

igralište

parc infantil

hram

temple

pejsaž
paisatge

list
fulla

putokaz
cartell indicador

put
camí

livada
prat

kamen
pedra

šetač
excursionista

drvo
arbre

reka
riu

trava
gespa

cvijet
flor

dolina

vall

planina

muntanya

jezero

llac

šuma

bosc

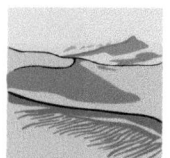

pustinja

desert

vulkan

volcà

dvorac

castell

duga

arc de Sant Martí

gljiva

bolet

palma

palmera

moskito

moscard

muva

mosca

mrav

formiga

pčela

abella

pauk

aranya

buba

escarabat

žaba

granota

veverica

esquirol

jež

eriçó

zec

llebre

sova

òliba

ptica

ocell

labud

cigne

divlja svinja

senglar

jelen

cervo

los

ant

nasip

presa

vetrenjača

turbina

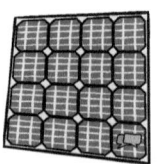

solarna ploča

panell solar

klima

clima

restoran
restaurant

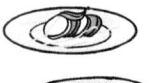

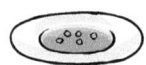

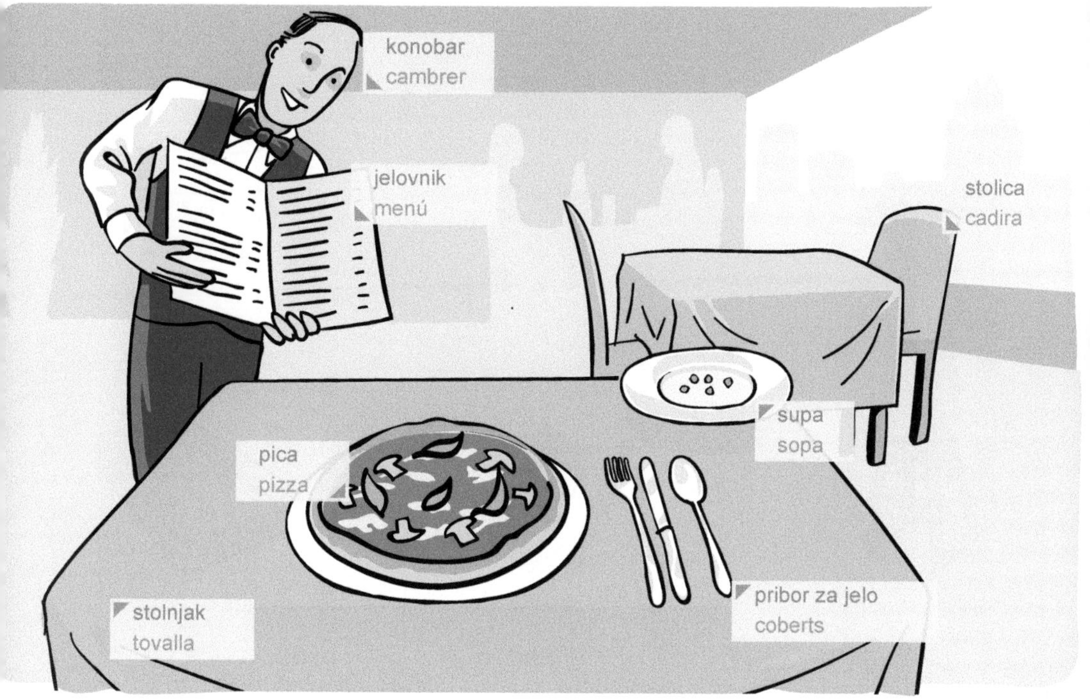

konobar
cambrer
jelovnik
menú
stolica
cadira
supa
sopa
pica
pizza
pribor za jelo
coberts
stolnjak
tovalla

predjelo

primer plat

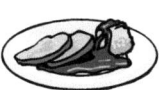

glavno jelo

plat principal

desert

darreries

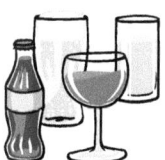

napitci

begudes

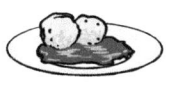

jelo

menjar

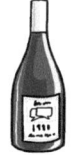

flaša

ampolla

brza hrana

menjar ràpid

imbis hrana

menjar de carrer

čajnik

tetera

doza za šećer

sucrer

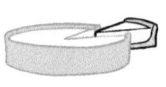

porcija

porció

aparat za espresso

màquina d'espresso

visoka stolica

trona

račun

factura

poslužavnik

plata

nož

ganivet

viljuška

forqueta

kašika

cullera

čajna kašika

cullereta

salveta

tovalló

čaša

got

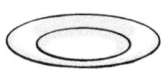

tanjir

plat

tanjir za supu

plat de sopa

tanjirić

plateret

sos

salsa

soljenka

saler

mlin za biber

molinet de pebre

sirće

vinagre

ulje

oli

začini

espècies

kečap

quètxup

senf

mostassa

majoneza

maionesa

supermarket
supermercat

ponuda
oferta especial
kupac
client
mlečni proizvodi
productes lactis
voće
fruites
kolica za kupovinu
carret de la compra
FOR

BUTCHERS

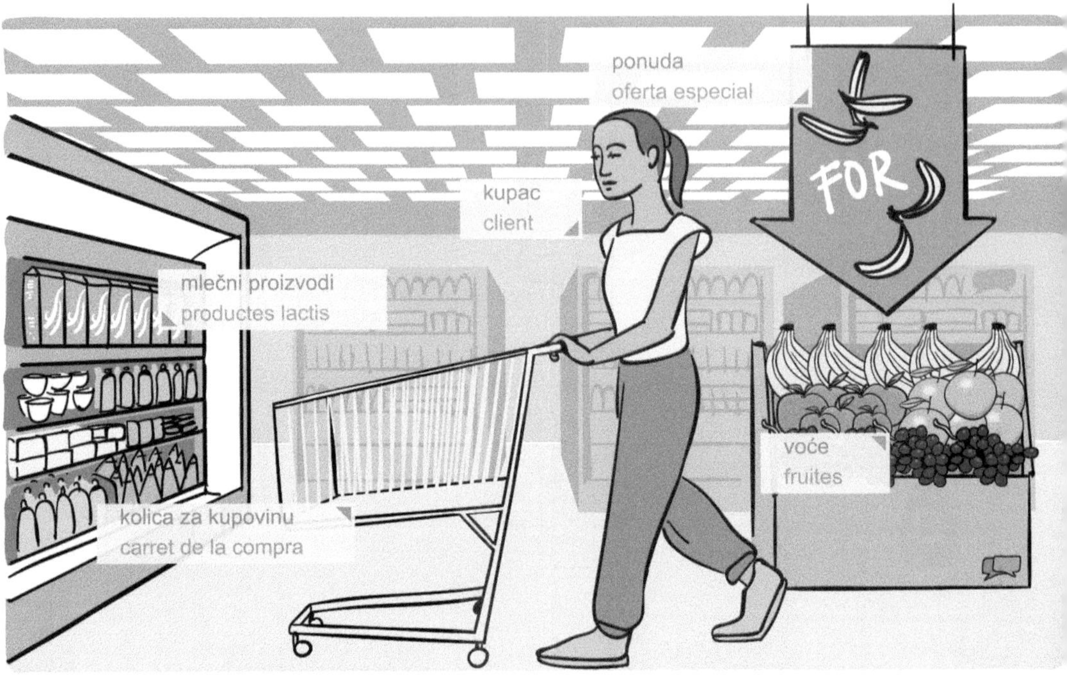

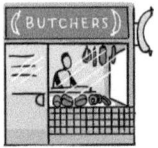

mesnica

carnisseria

BAKERY

pekara

forn de pa

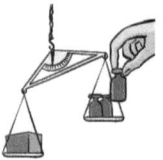

vagati

pesar

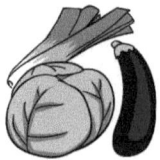

povrće

verdures

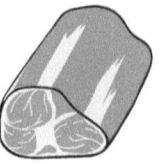

meso

carn

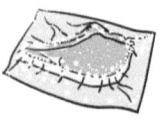

smrznuta hrana

menjar congelat

narezak

carn freda

konzerve

conserves

sredstvo za pranje

detergent en pols

slatkiši

dolços

artikli za domaćinstvo

articles domèstics

sredstva za čišćenje

productes de neteja

prodavačica

venedora

blagajna

caixa registradora

blagajnik

caixera

lista za kupovinu

llista de la compra

vreme rada

horari d'obertura

novčanik

portamonedes

kreditna kartica

carta de crèdit

torba

bossa

plastična kesa

bossa de plàstic

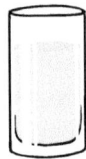

voda

aigua

sok

suc

mleko

llet

kola

coca-cola

vino

vi

pivo

cervesa

alkohol

alcohol

kakao

cacau

čaj

te

kava

cafè

espresso

espresso

cappuccino

cappuccino

banana

banana

jabuka

poma

narandža

taronja

lubenica

sindria

limun

llimona

šargarepa

pastanaga

beli luk

all

bambus

bambú

luk

ceba

gljiva

bolet

orašasti plodovi

avellanes

rezanci

fideus

špagete

espaguetis

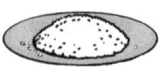

riža

arròs

salata

amanida

pomfrit

patates fregides

pečeni krumpir

patates fregides

pica

pizza

hamburger

hamburguesa

sendvič

entrepà

šnicla

escalopa

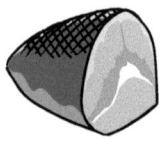

šunka

cuixot

salama

salami

kobasica

salsitxa

kokoš

pollastre

pečenje

rostit

riba

peix

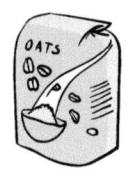

zobene pahuljice

flocs de civada

musli

musli

kukuruzne pahuljice

cereals

brašno

farina

kroasan

croissant

pecivo

panet

hleb

pa

toast

torrada

keksi

bescuits

maslac

mantega

sveži sir

mató

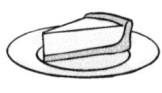

kolač

pastís

jaje

ou

jaje na oko

ou fregit

sir

formatge

sladoled

gelat

šećer

sucre

med

mel

marmelada

melmelada

nugat krema

crema de xocolata

kari

curri

seosko gazdinstvo
granja

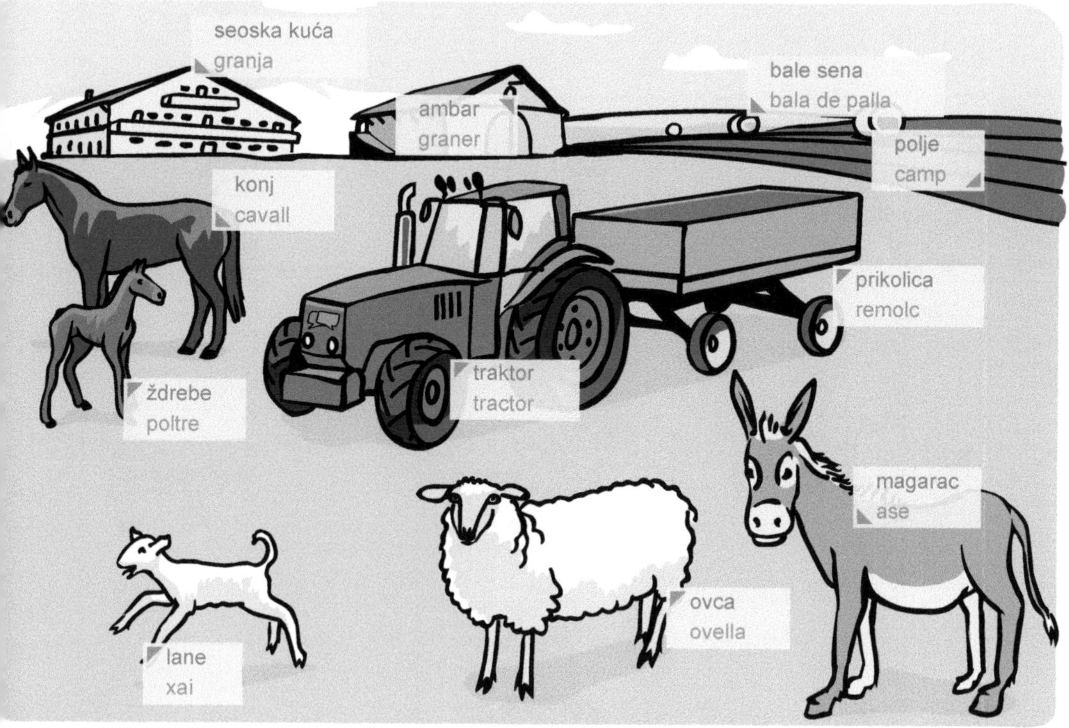

seoska kuća
granja
ambar
graner
bale sena
bala de palla
polje
camp
konj
cavall
prikolica
remolc
traktor
tractor
ždrebe
poltre
magarac
ase
ovca
ovella
lane
xai

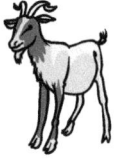

koza

cabra

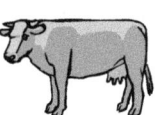

krava

vaca

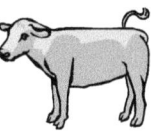

tele

vedella

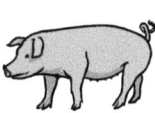

svinja

porc

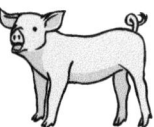

prase

garrí

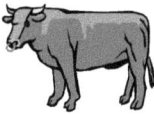

bik

bou

guska

oca

patka

ànec

pilići

poll

kokoš

gall

petao

gallina

pacov

rata

mačka

gat

miš

ratolí

vol

bou

pas

gos

kućica za psa

gossera

vrtno crevo

mànega de regar

kanta za polivanje

regadora

kosa

dalla

plug

arada

srp

falç

motika

aixada

viljuška za đubrivo

forca

sekira

destral

tačke

carretó

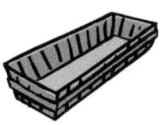

korito

abeurador

posuda za mleko

lletera

vreća

sac

ograda

tanca

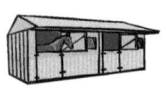

štala

establa

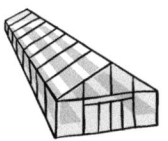

staklenik

hivernacle

zemlja

sòl

seme

llavor

đubrivo

adob

kombajn

collidora

žeti

collir

žetva

collita

jams začin

nyam

pšenica

blat

soja

soja

krumpir

patata

kukuruz

blat de moro o d'indi

uljana repica

colza

voćka

arbre fruiter

gomolj manioke

mandioca

žitarice

cereals

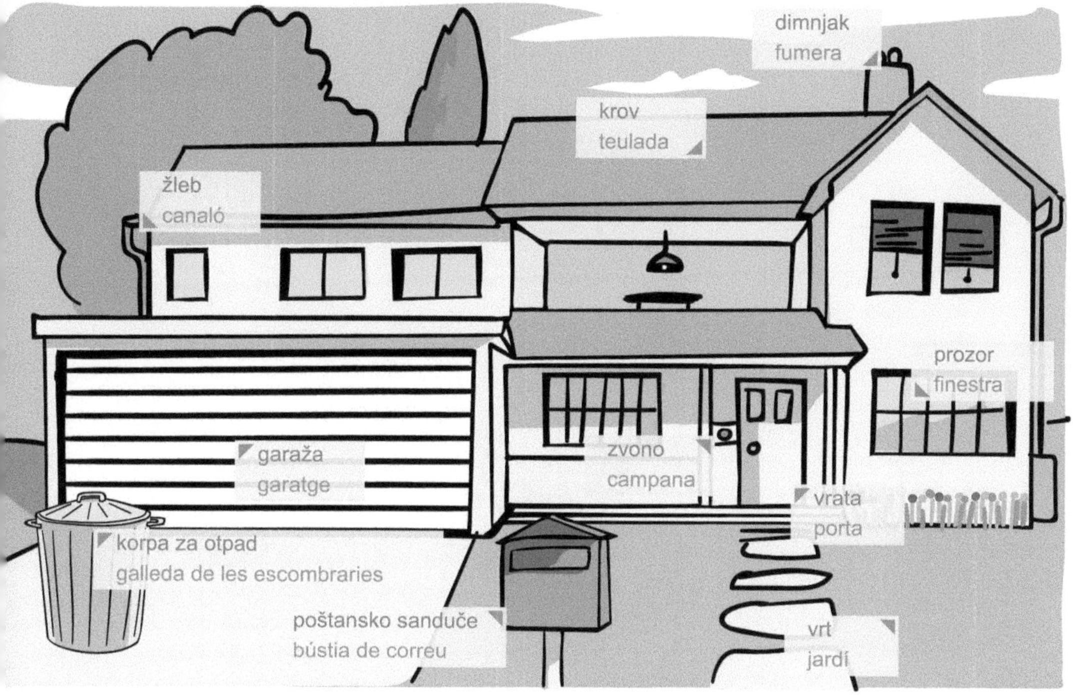

dimnjak
fumera

krov
teulada

žleb
canaló

prozor
finestra

garaža
garatge

zvono
campana

vrata
porta

korpa za otpad
galleda de les escombraries

poštansko sanduče
bústia de correu

vrt
jardí

dnevna soba

sala d'estar

kupaonica

bany

kuhinja

cuina

spavaća soba

cambra de dormir

dečija soba

cambra de nen

trpezarija

menjador

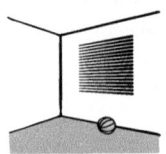

pod

sòl

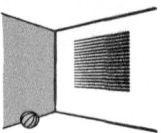

zid

paret

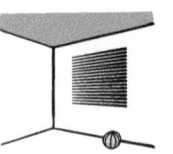

strop

sostre

podrum

soterrani

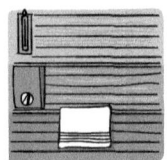

sauna

sauna

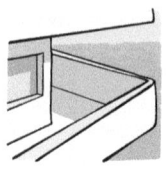

balkon

balcó

terasa

terrassa

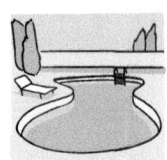

bazen

piscina

kosilica za travu

tallagespa

posteljina za krevet

vànova

deka za krevet

cobrellit

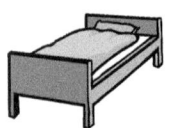

krevet

llit

metla

escombra

kanta

galleda

prekidač

interruptor

dnevna soba
sala d'estar

tapeta
paper de paret
slika
quadre
svetiljka
làmpada
regal
prestatge
ormar
armari
televizija
televisor
kamin
escalfapanxes
cvijet
flor
jastuk
coixí
kauč
sofà
vaza
gerro
daljinski upravljač
telecomanda

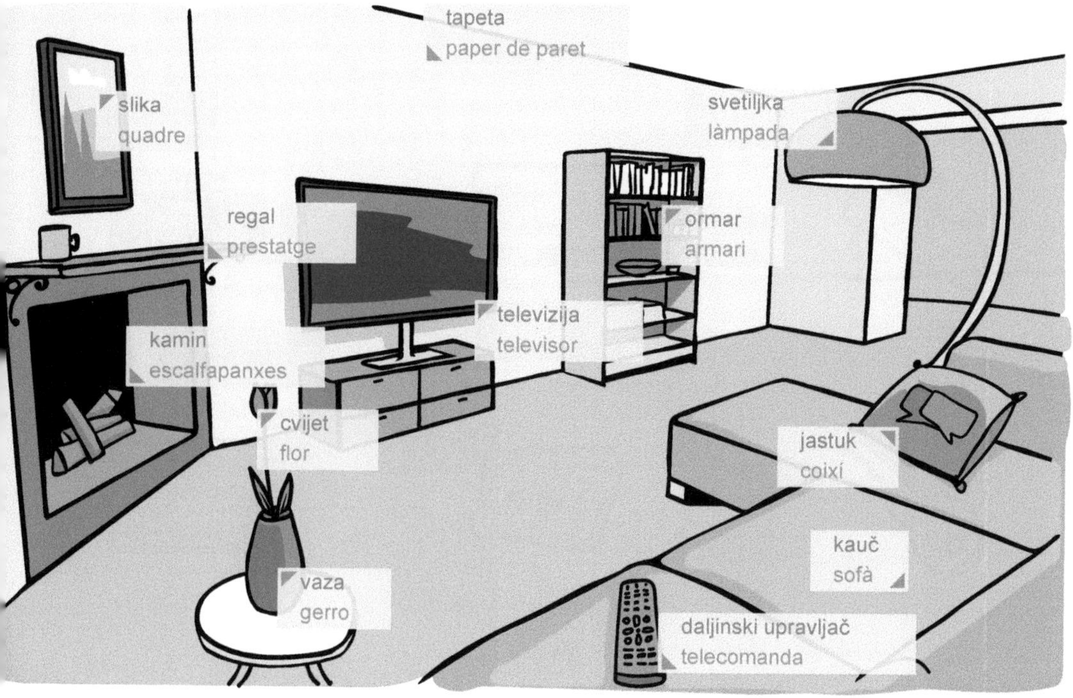

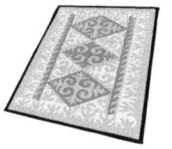

tepih
catifa

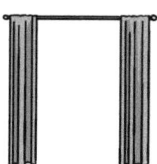

zavesa
cortina

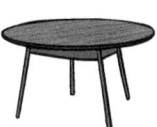

sto
taula

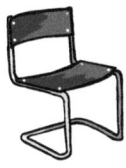

stolica
cadira

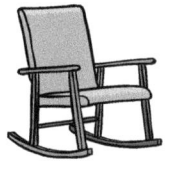

stolica za njihanje
cadira gronxadora

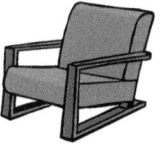

fotelja
cadiral

knjiga

llibre

deka

llençol

dekoracija

decoració

drvo za ogrev

llenya

film

film

hi-fi uređaj

cadena de música

ključ

clau

novine

diari

slika na platnu

pintura

poster

cartell

radio

ràdio

blok za pisanje

bloc de notes

usisivač

aspiradora

kaktus

cactus

sveća

candela

kuhinja
cuina

frižider
refrigerador
mikrotalasna rerna
microones
kuhinjska vaga
balança de cuina
toaster
torradora
sredstvo za čišćenje
detergent per a plats
rerna
forn
pretinac za zamrzavanje
congelador
korpa za otpad
galleda de les escombraries
mašina za pranje suđa
rentaplats

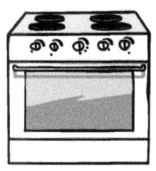

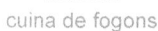

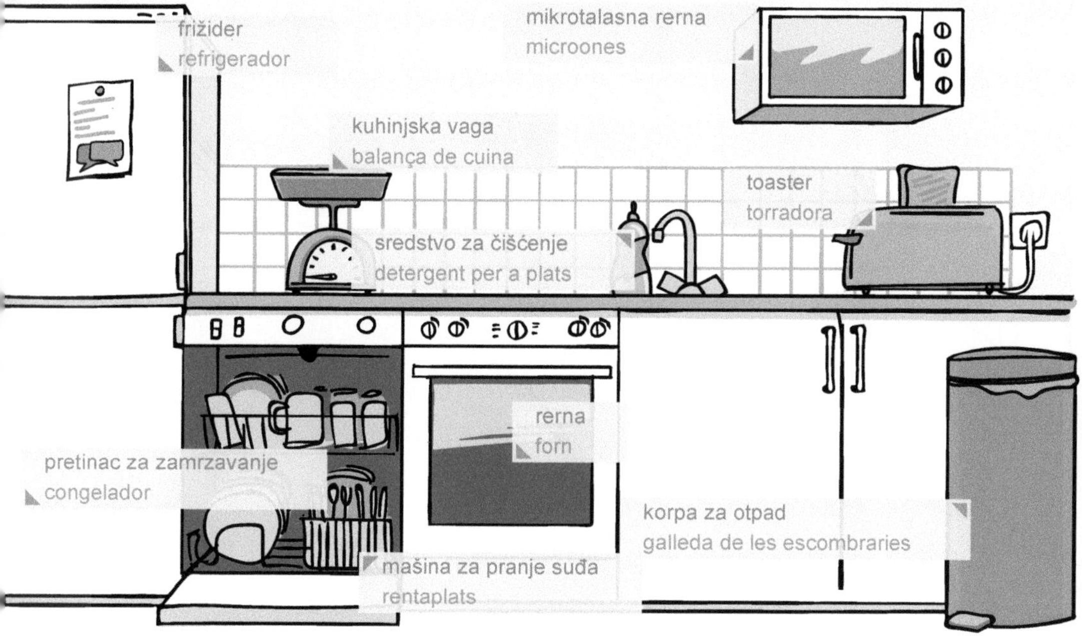

šporet

cuina de fogons

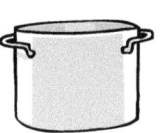

lonac

olla

gvozdeni lonac

olla de ferro colat

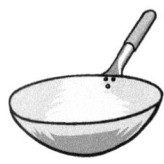

wok / kadai

wok / karahi

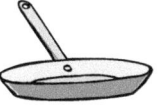

tava

paella

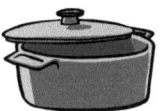

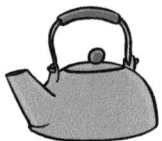

kuvalo za vodu

bullidor

kuvalo na paru

olla de vapor

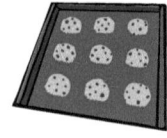

lim za pečenje

plata de forn

posuđe

vaixella

čaša

tassa grossa

posuda

bol

štapići za jelo

bastonets xinesos

kutlača

culler

lopatica

espàtula

penjača

batedor

sito za kuvanje

colador

sito

sedàs

ribež

ratllador

mužar

morter

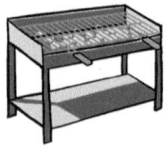

roštilj

barbacoa

ognjište

foc a terra

daska

taula de tallar

oklagija

corró

vadičep

llevataps

konzerva

pot de conserva

otvarač konzervi

obridor

krpa za lonac

agafador

sudoper

aigüera

četka

raspall

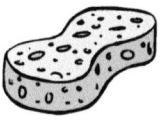

sunđer

esponja

mikser

batedora

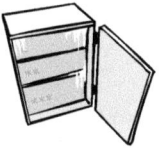

zamrzivač

congelador

flašica za bebe

biberó

slavina za vodu

aixeta

kupaonica

bany

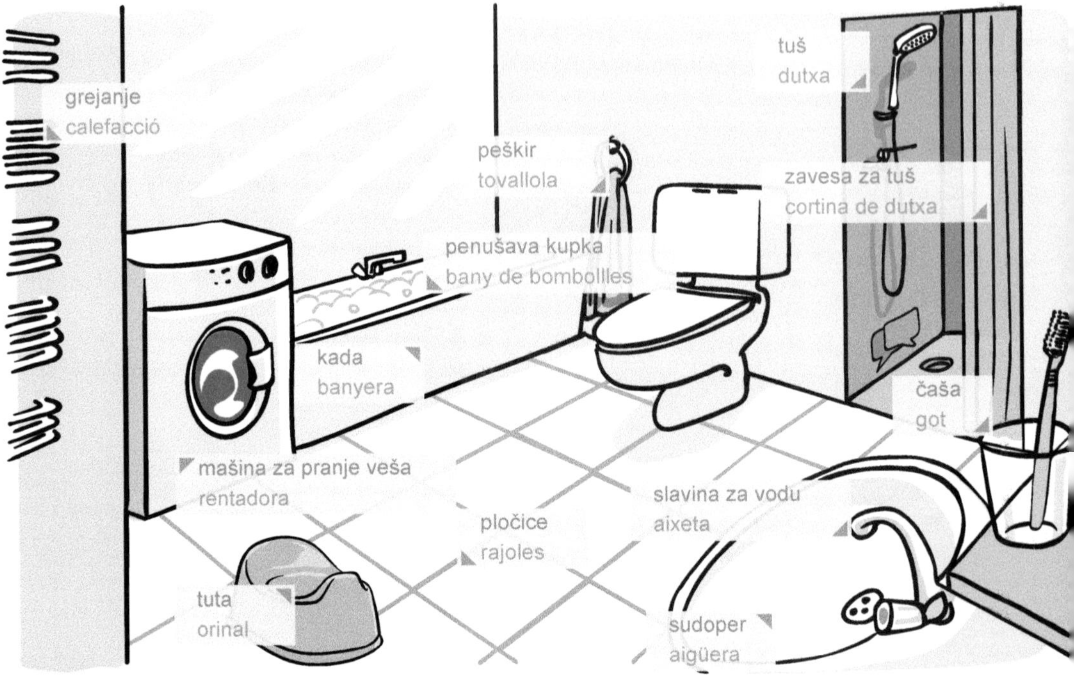

grejanje
calefacció
tuš
dutxa
peškir
tovallola
zavesa za tuš
cortina de dutxa
penušava kupka
bany de bombollles
kada
banyera
čaša
got
mašina za pranje veša
rentadora
slavina za vodu
aixeta
pločice
rajoles
tuta
orinal
sudoper
aigüera

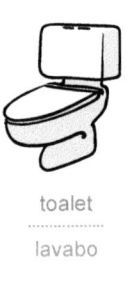

toalet
lavabo

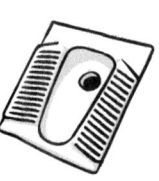

čučavac
lavabo turc

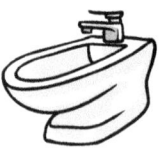

bidet
bidet

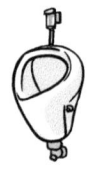

pisoar
orinador

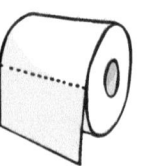

toaletni papir
paper higiènic

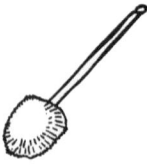

četka za toalet
escombreta de sanitari

četkica za zube

raspall de dents

pasta za zube

pasta de dents

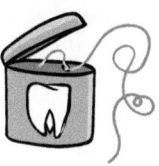

konac za zube

fil dental

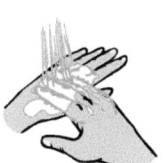

prati

rentar

tuš ručica

pom de dutxa

tuš za pranje intimnih delova

dutxa íntima

lavor

rentamans

četka za pranje leđa

raspall per a l'esquena

sapun

sabó

gel za tuširanje

gel de dutxa

šampon

xampú

krpa za pranje

manyopla de bany

odvod

bonera

krema

crema

dezodorans

desodorant

ogledalo

mirall

kozmetičko ogledalo

mirall-espill de mà

brijač

maquineta de rasar

pena za brijanje

espuma de barbejar

losion za posle brijanja

loció post-rasada

češalj

pinta

četka

raspall

fen za kosu

eixugador

sprej za kosu

laca

makeup

maquillatge

ruž za usne

pintallavis

lak za nokte

esmalt d'ungles

vata

cotó

makaze za nokte

tallaungles

parfem

perfum

kozmetička torbica

estoig de bellesa

stolica

tamboret

vaga

bàscula

ogrtač

barnús

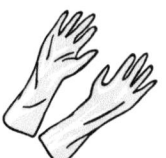

rukavice za čišćenje

guants de goma

tampon

compresa higiènica

uložak

compresa

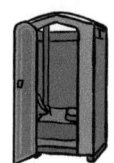

hemijski toalet

sanitari químic

dečija soba
cambra de nen

budilnik
despertador
plišana igračka
animal de peluix
auto igračka
auto de joguina
zvečka
sonall
kućica za lutke
casa de nines
poklon
present

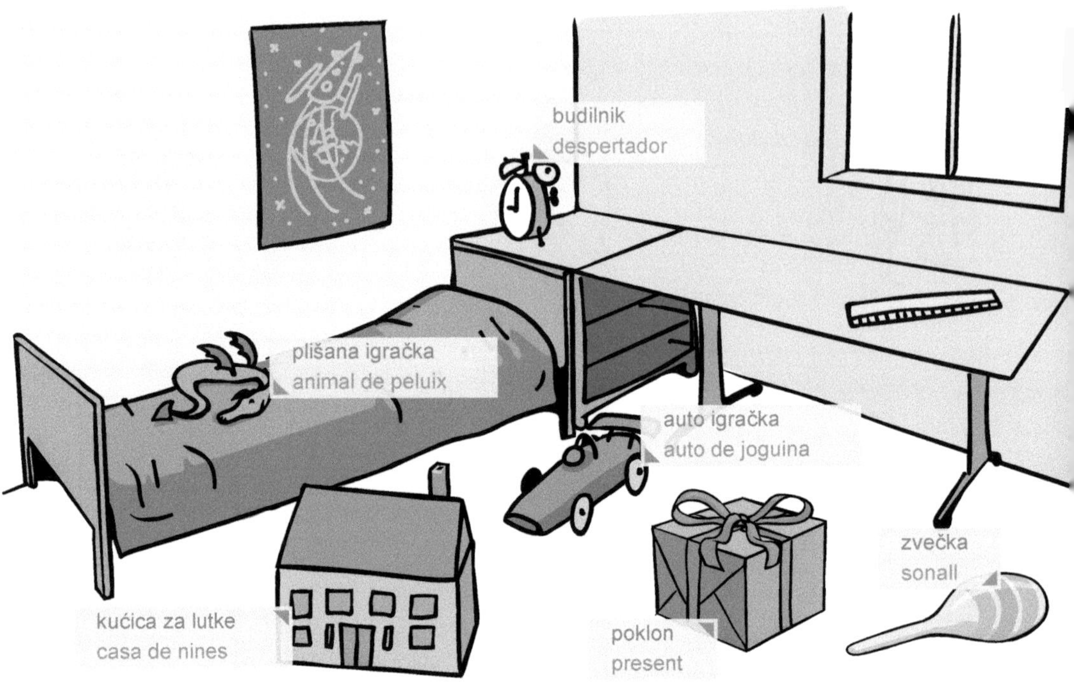

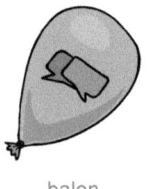

balon

baló

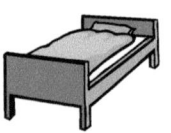

krevet

llit

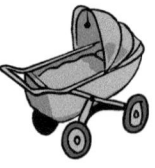

dječija kolica

cotxet per a nens

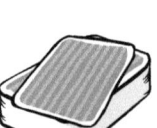

igra s kartama

joc de cartes

slagalica

trencaclosca

SUPER
MEGA

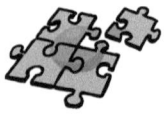

strip

historieta

lego kockice

peces de lego

kockice za slaganje

peces de construcció

akcioni junak

ninot d'acció

benkica za bebe

granota

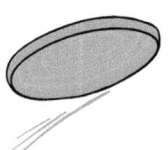

frizbi

frisbee

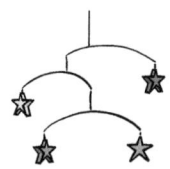

viseće igračke

mòbil per a bressol

društvene igre

joc de taula

kocka

daus

minijaturna željeznica

tren elèctric

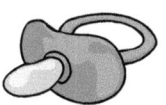

duda

xumet

zabava

festa

slikovnica

llibre de dibuixos

lopta

pilota

lutka

nina

igrati

jugar

pješčanik

sorrera

ljuljačka

gronxador

igračka

joguines

konzola za igre

consola de jocs de vídeo

tricikl

tricicle

tedi

osset de peluix

ormar

armari

odeća

roba

kratke čarape

mitjons

čarape

mitges

hulahopke

mitja pantaló

šal
tapacoll

kaiš
cintura

kišobran
paraigua

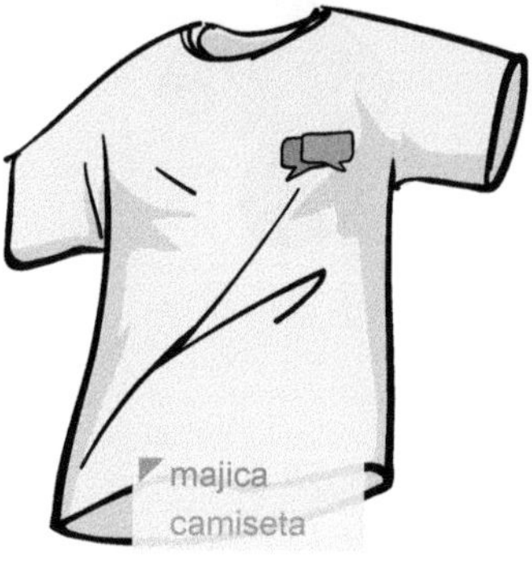

majica
camiseta

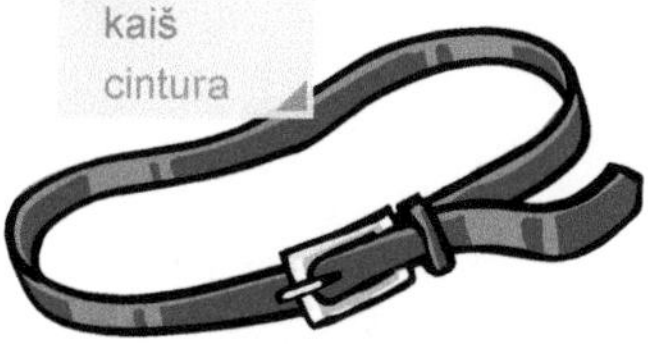

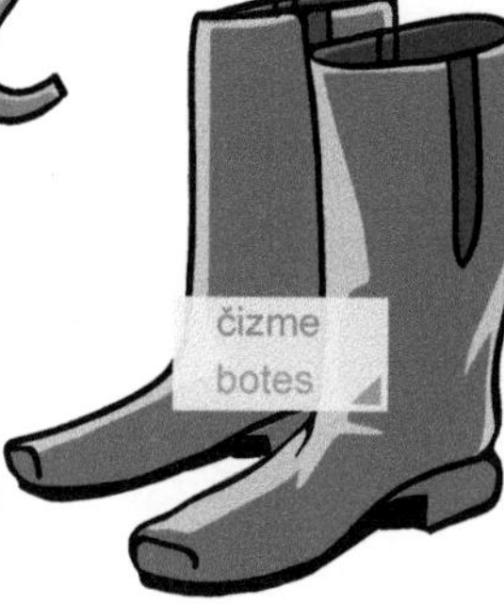

čizme
botes

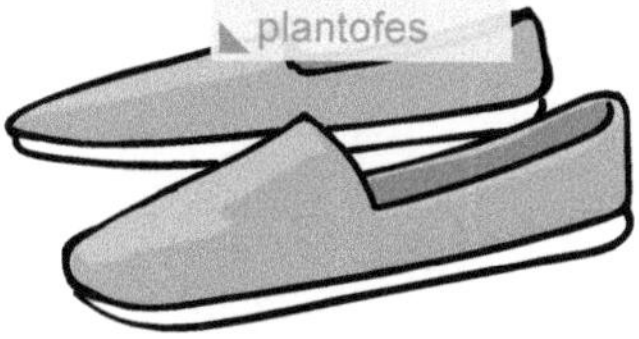

papuče
plantofes

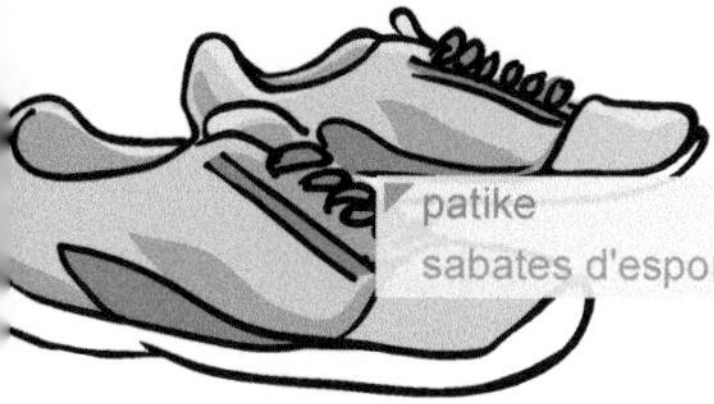

patike
sabates d'esport

sandale
sandàlies

cipele
sabates

gumene čizme
botes de goma

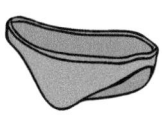

gaćice
calçonets

grudnjak
sostenidor

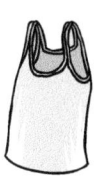

potkošulja
guardapits

odeća - roba

bodi

jjustacòs

pantalone

pantalons

farmerke

jeans

suknja

faldeta

bluza

brusa

košulja

camisa

džemper

jersei

džemper s kapuljačom

dessuadora

sako

blazer

jakna

jaqueta

kaput

mantell

kabanica

impermeable

kostim

vestit de dona

haljina

vestit de dona

venčanica

vestit de núvia

odelo

vestit d'home

spavaćica

camisa de dormir

pidžama

pijama

sari

sari

marama za glavu

mocador de cap

turban

turbant

burka

burca

kaftan

caftan

abaja

abaia

kupaći kostim

vestit de bany

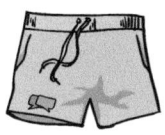

kupaće gaćice

calçon(et)s de bany

kratke pantalone

pantalons curts

odeća za trening

xandall

kecelja

davantal

rukavice

guants

dugme

botó

naočare

ulleres

narukvica

braçalet

ogrlica

collaret

prsten

anell

naušnica

orellera

kapa

casquet

vešalica

penjador

šešir

capell

kravata

corbata

patent zatvarač

cremallera

kaciga

casc

naramenice

elàstics

školska uniforma

uniforme escolar

uniforma

uniforme

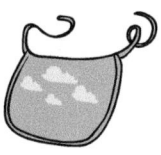

podbradak

pitet

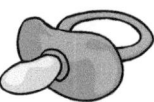

duda

xumet

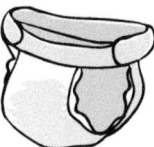

pelena

bolquer

kancelarija
oficina

server
servidor
ormar za spise
armari arxivador
štampač
impressora
papir
paper
monitor
monitor
miš
ratolí
pisaći stol
escriptori
mapa
arxivador
tastatura
teclat
košara za papir
paperera
kompjuter
ordinador
stolica
cadira

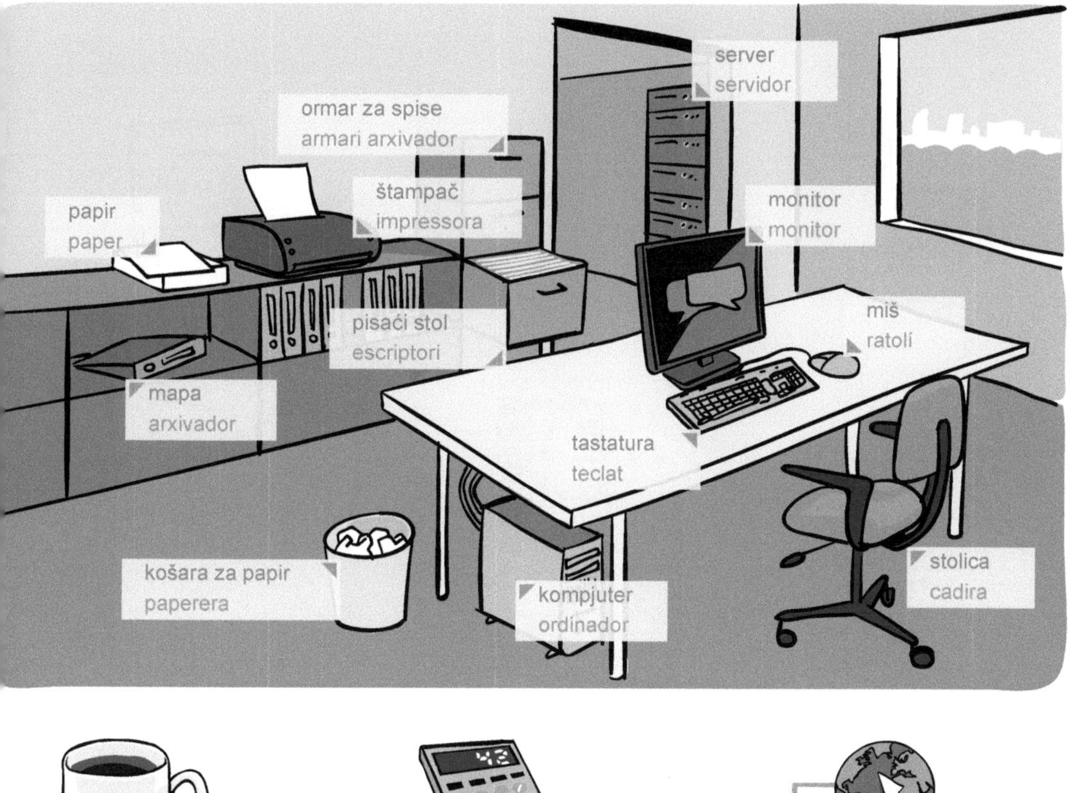

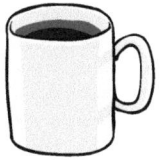

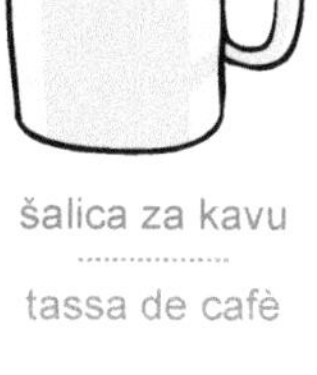

šalica za kavu

tassa de cafè

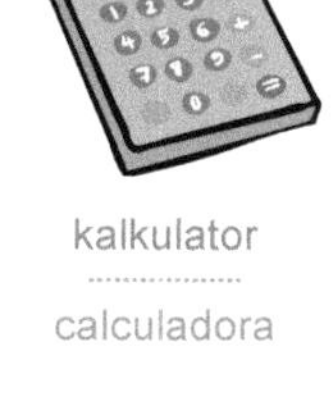

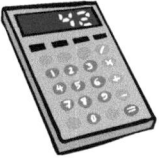

kalkulator

calculadora

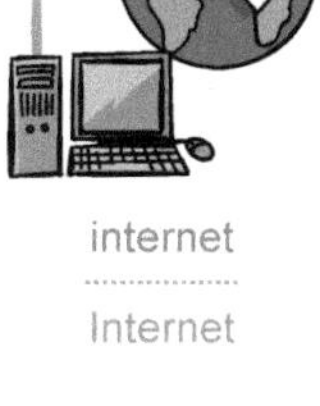

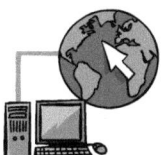

internet

Internet

laptop

ordinador portàtil

pismo

lletra

poruka

missatge

mobilni telefon

mòbil

mreža

xarxa

uređaj za kopiranje

fotocopiadora

softver

programari

telefon

telèfon

utičnica

presa de corrent

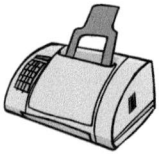

faks

fax

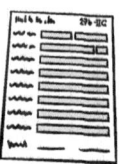

formular

formulari

dokument

document

kupovati
comprar

platiti
pagar

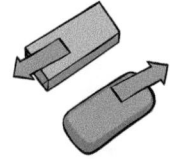

trgovati
comerciar

novac
diners

dolar
dòlar

evro
euro

jen
ien

rublja
ruble

švajcarski franak
franc suís

renmindbi juan
renminbi

rupija
rupia

automat za novac
caixa automàtica

menjačnica

oficina de canvi

zlato

or

srebro

argent

nafta

petroli

energija

energia

cena

preu

ugovor

contracte

porez

impost

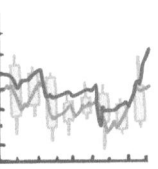

deonica

acció

raditi

treballar

službenik

treballador

poslodavac

empresari

fabrika

fàbrica

prodavnica

botiga

policajac
oficial de policia

vatrogasac
bomber

kuvar
cuiner

lekar
doctora

pilot
pilot

vrtlar

jardiner

stolar

fuster

krojačica

costurera

sudija

jutge

hemičar

química

glumac

actor

vozač autobusa

conductor d'autobús

vozač taksija

taxista

ribar

pescador

čistačica

dona de la neteja

krovopokrivač

ensostrador

konobar

cambrer

lovac

caçador

slikar

pintor

pekar

forner

električar

electricista

građevinski radnik

obrer de la construcció

inženjer

enginyer

mesar

carnisser

limar

llanterner

poštar

correu

vojnik

soldat

arhitekta

arquitecte

blagajnik

caixera

cvećar

florista

frizer

perruquer

kondukter

revisor

mehaničar

mecànic

kapetan

capità

zubar

dentista

naučnik

cientific

rabi

rabí

imam

imam

monah

monjo

svećenik

capellà

alati
eines

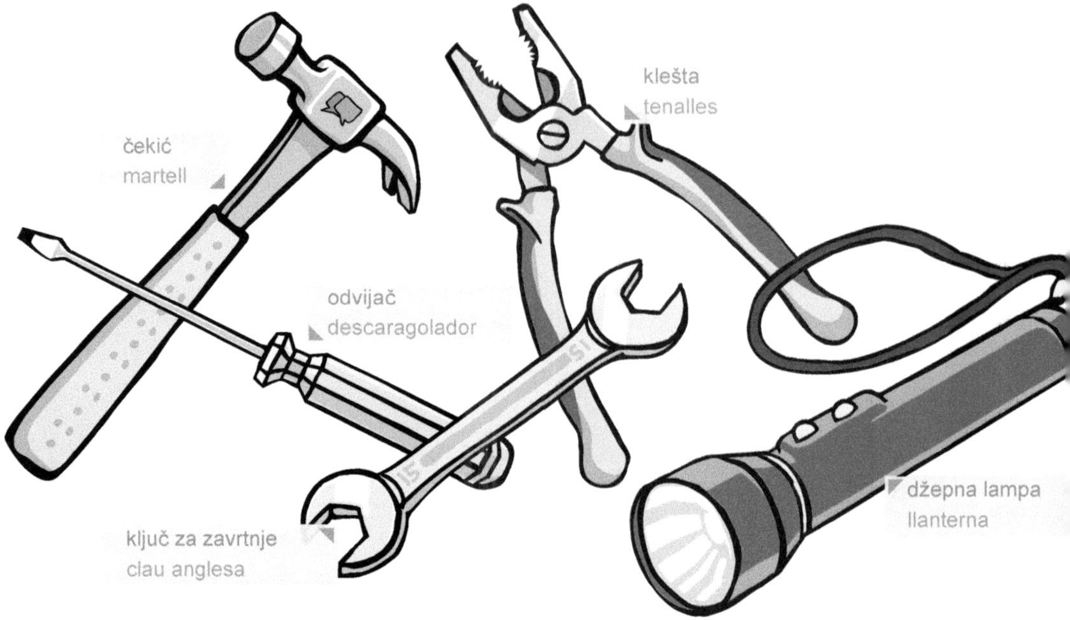
čekić
martell
klešta
tenalles
odvijač
descaragolador
ključ za zavrtnje
clau anglesa
džepna lampa
llanterna

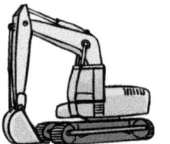

bager
excavadora

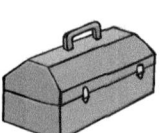

kutija za alat
caixa d'eines

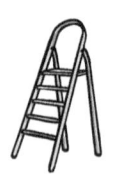

merdevine
escala

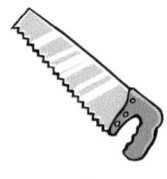

pila
serra

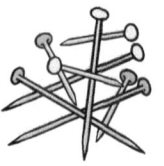

ekser
claus

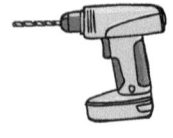

bušilica
trepant

popraviti

reparar

lopata

pala

do đavola!

Maleït siga!

lopatica

pala

lonac za boju

pot de pintura

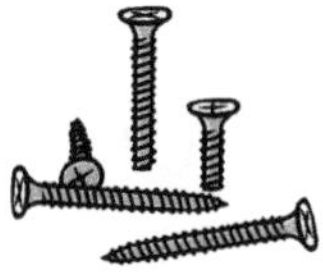

zavrtanji

caragols

muzički instrument
instrument de música

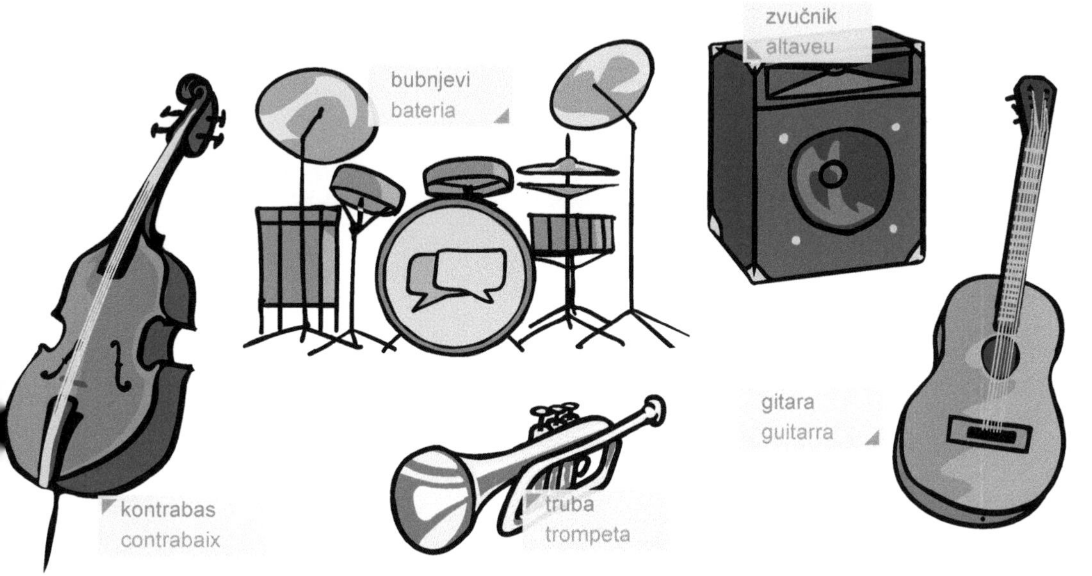

zvučnik
altaveu

bubnjevi
bateria

gitara
guitarra

kontrabas
contrabaix

truba
trompeta

klavir

piano

violina

violí

bas

baix

timpani

timbal

udaraljke za bubnjeve

tambor

tipke klavira

teclat

saksofon

saxofon

flauta

flauta

mikrofon

micròfon

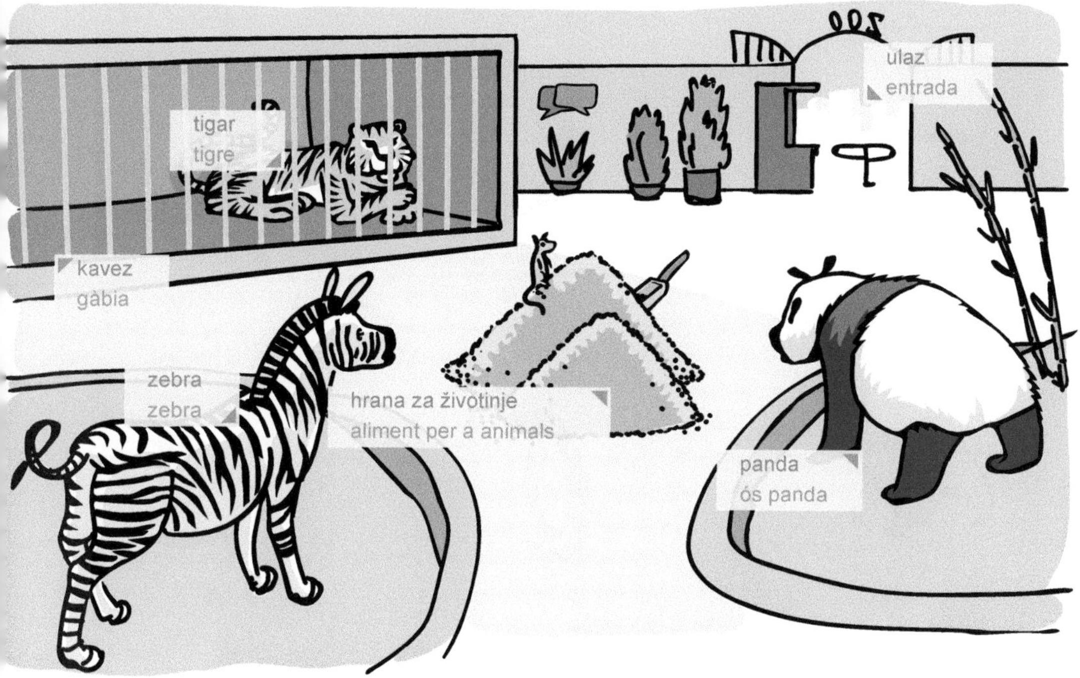

ulaz
entrada

tigar
tigre

kavez
gàbia

zebra
zebra

hrana za životinje
aliment per a animals

panda
ós panda

životinje
animals

slon
elefant

kengur
cangurú

nosorog
rinoceront

gorila
goril·la

medved
ós

kamila

camell

noj

estruç

lav

lleó

majmun

simi

flamingo

flamenc

papagaj

papagai

polarni medved

ós polar

pingvin

pingüí

ajkula

ca mari

paun

paó

zmija

serp

krokodil

cocodril

čuvar u zoološkom vrtu

guardià del zoo

tuljan

foca

jaguar

jaguar

poni
poni

leopard
lleopard

nilski konj
hipopòtam

žirafa
girafa

orao
àliga

divlja svinja
senglar

riba
peix

kornjača
tortuga

morž
morsa

lisica
guineu

gazela
gasela

esports

američki nogomet
futbol americà

biciklizam
ciclisme

tenis
tenis

košarka
bàsquet

plivanje
natació

boks
boxa

hokej na ledu
hoquei sobre gel

fudbal

futbol americà

badminton

bàdminton

atletika

atletisme

rukomet

handbol

skijanje

esquí

polo

polo

aktivnosti
activitats

skočiti
saltar
zagrliti
abraçar
smejati se
riure
ići
anar
pevati
cantar
sanjati
somiar
moliti se
pregar
poljubiti
fer un petó

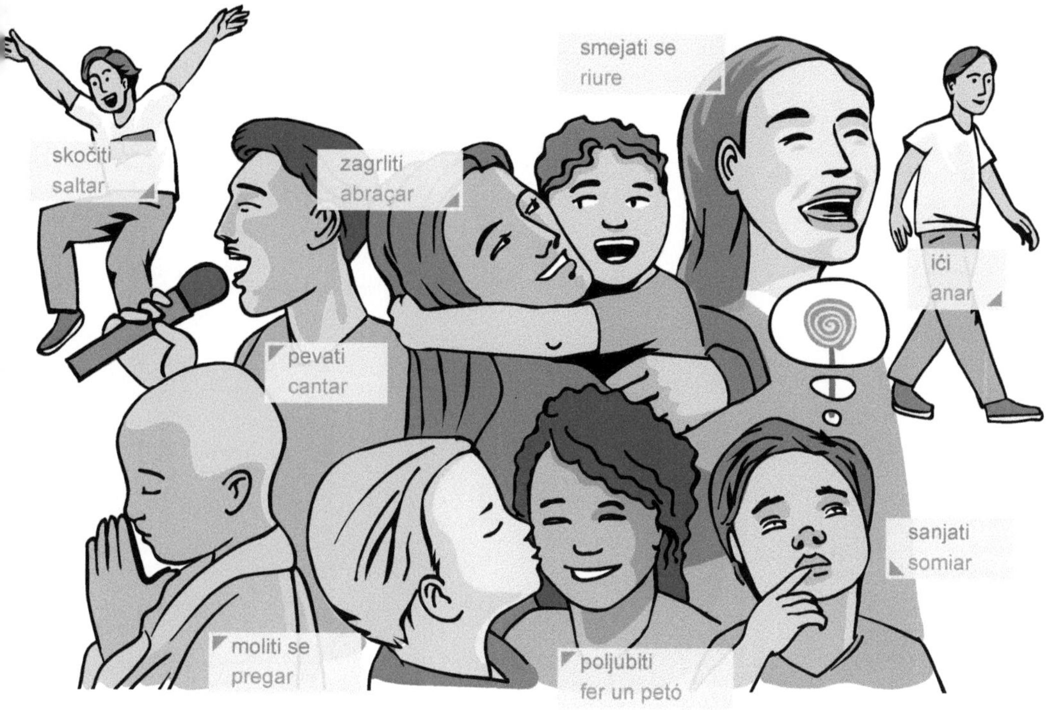

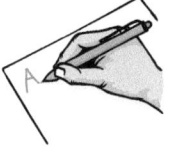

pisati

escriure

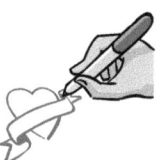

crtati

dibuixar

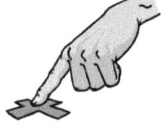

pokazati

mostrar

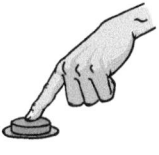

gurati

pitjar

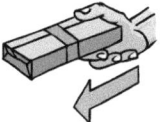

dati

donar

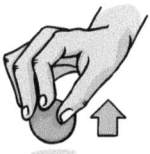

uzeti

prendre

imati

tenir

činiti

fer

biti

ésser

stojati

estar dret

trčati

córrer

povlačiti

estirar

baciti

llançar

padati

caure

ležati

jeure

čekati

esperar

nositi

portar

sediti

asseure's

oblačiti

vestir-se

spavati

dormir

probuditi se

despertar-se

gledati

mirar

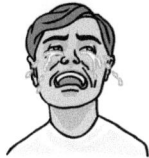

plakati

plorar

milovati

amoixar

češljati

pentinar

govoriti

parlar

razumeti

comprendre

pitati

demanar

slušati

escoltar

piti

beure

jesti

menjar

pospremiti

endreçar

voleti

estimar

kuhati

cuinar

voziti

conduir

leteti

volar

ploviti

navegar

računati

calcular

čitati

llegir

učiti

aprendre

raditi

treballar

venčati se

casar-se

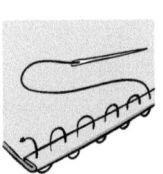

šiti

cosir

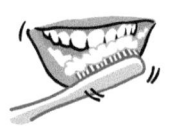

prati zube

raspallar-se les dents

ubiti

matar

pušiti

fumar

poslati

enviar

aktivnosti - activitats

baka
àvia

deda
avi

otac
pare

majka
mare

beba
nadó

kćerka
filla

sin
fill

gost
convidat

tetka
tia

ujak, stric
oncle

brat
germà

sestra
germana

telo

cos

čelo
front
oko
ull
lice
cara
brada
barbeta
grudi
pit
prst
dit
ruka
mà
ruka
braç
rame
espatlla
noga
cama

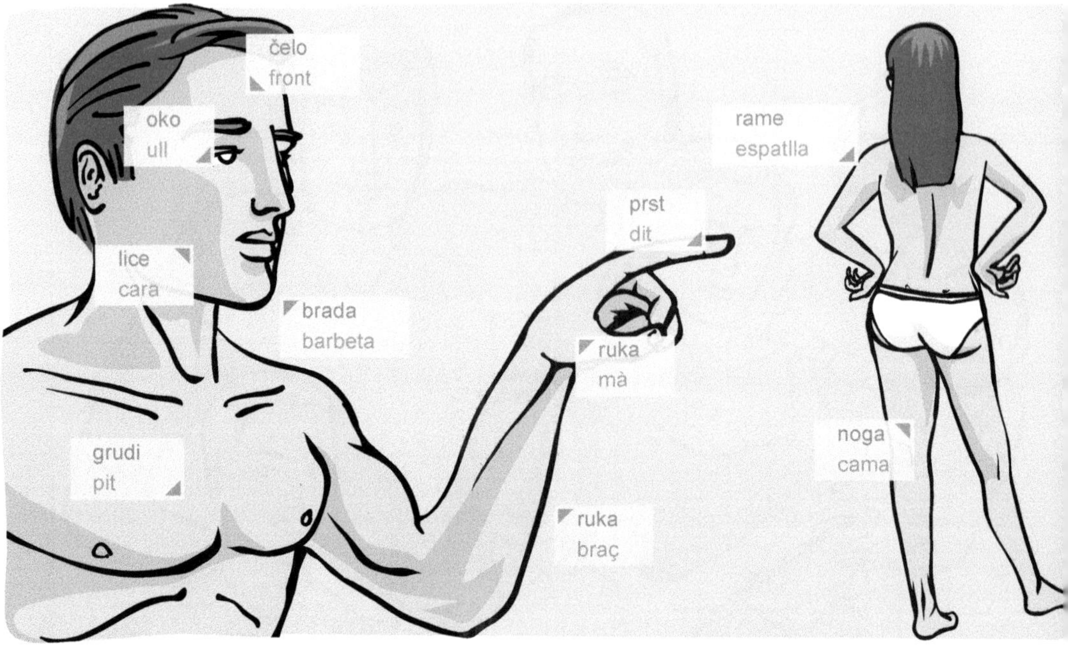

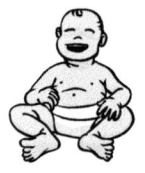

beba
nadó

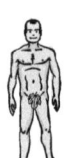

muškarac
home

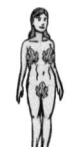

žena
dona

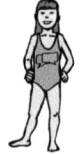

devojčica
noia

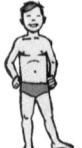

dečak
noi

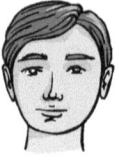

glava
cap

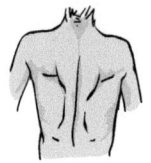

leđa

esquena

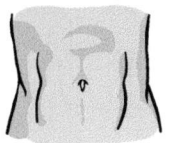

stomak

panxa

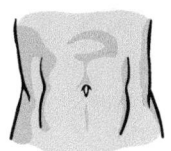

pupak

melic

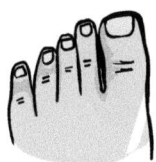

nožni prst

dit gros del peu

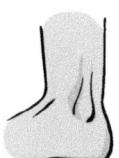

peta

taló

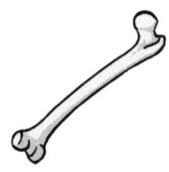

kost

os

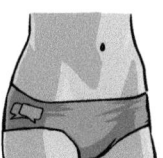

kukovi

maluc

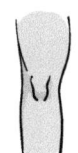

koleno

genoll

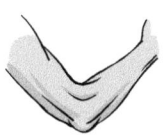

lakat

colze

nos

nas

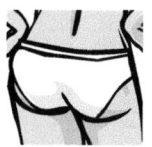

zadnjica

cul

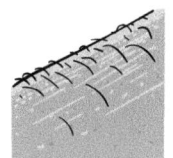

koža

pell

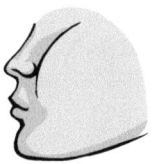

obraz

galta

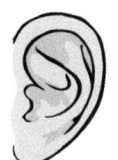

uvo

orella

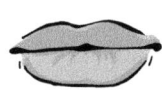

usna

llavi

usta
boca

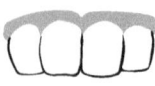

zub
dent

jezik
llengua

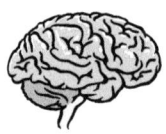

mozak
cervell

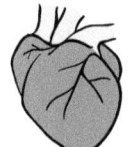

srce
cor

mišić
múscul

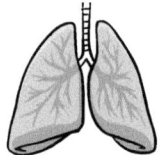

pluća
pulmó

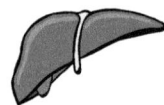

jetra
fetge

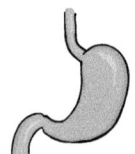

želudac
estómac

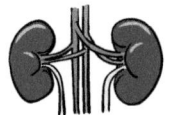

bubrezi
ronyó

polni odnos
relació sexual

kondom
preservatiu

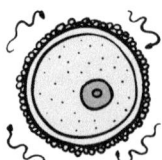

jajna ćelija
ovari

sperma
semen

trudnoća
prenyat

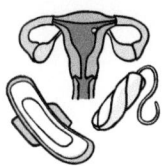

menstruacija

menstruació

vagina

vagina

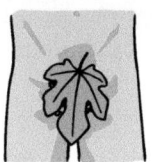

penis

penis

obrva

cella

kosa

cabells

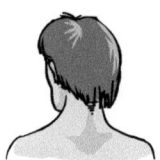

vrat

coll

bolnica
hospital

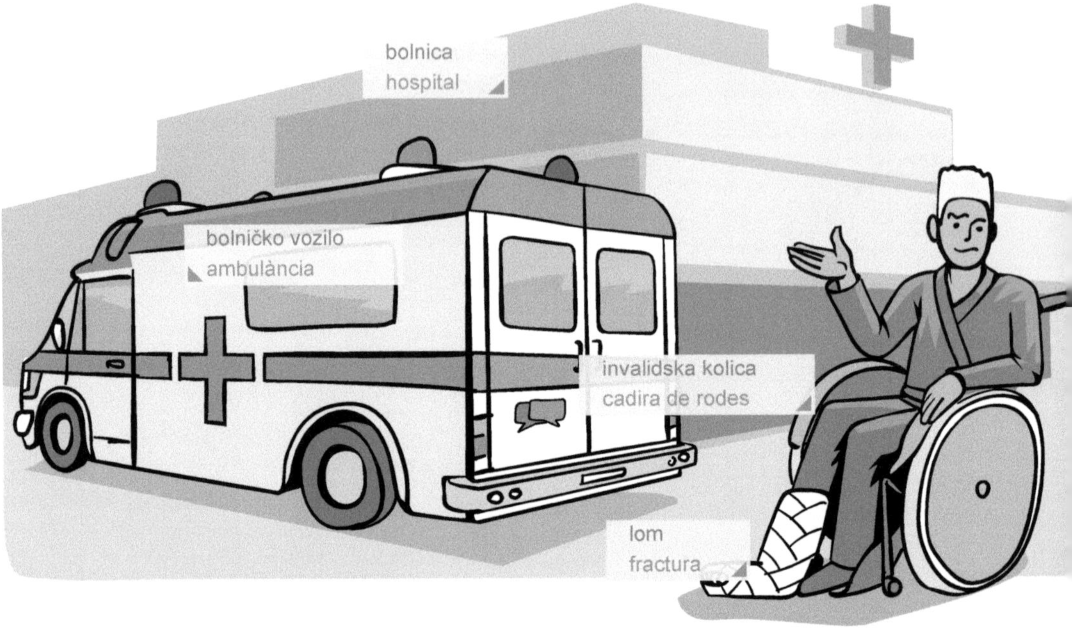

bolnica
hospital
bolničko vozilo
ambulància
invalidska kolica
cadira de rodes
lom
fractura

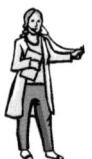

lekar

doctora

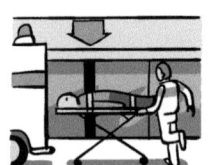

hitna medicinska služba

sala d'urgències

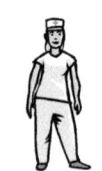

medicinska sestra

infermera

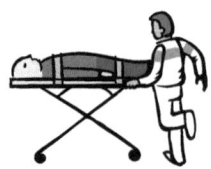

hitni slučaj

urgència

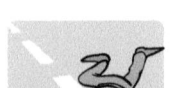

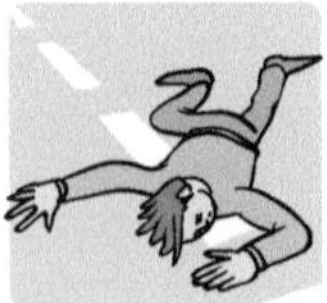

nesvest

inconscient

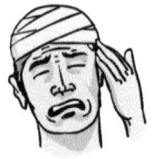

bol

dolor

povreda

ferida

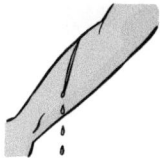

krvarenje

sagnament

srčani udar

atac de cor

udar

apoplexia

alergija

al·lèrgia

kašalj

tos

groznica

febre

gripa

gripa

proliv

diarrea

glavobolja

mal de cap

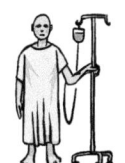

rak

càncer

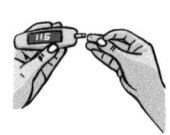

dijabetes

diabetis

hirurg

cirurgià

skalpel

escalpel

operacija

operació

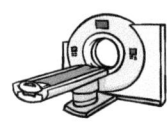

ct
....
tomografia computada (TC),
TAC

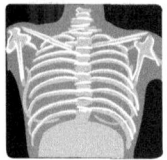

rentgen
....
raigs x

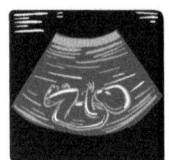

ultrazvuk
....
ultrasò

maska
....
mascareta

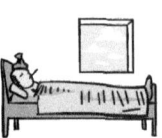

bolest
....
malaltia

čekaona
....
sala d'espera

štaka
....
crossa

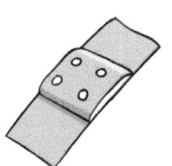

flaster
....
tireta

zavoj
....
embenat

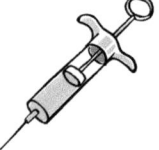

injekcija
....
injecció

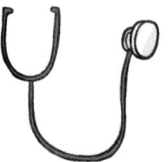

stetoskop
....
estetoscopi

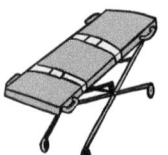

nosila
....
llitera

termometar
....
termòmetre clínic

rođenje
....
pariment

prekomerna težina
....
sobrepès

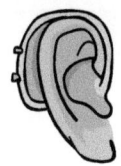

slušni aparat

aparell auditiu

sredstvo za dezinfekciju

desinfectant

infekcija

infecció

virus

virus

HIV / AIDS

VIH / SIDA

medicina

medicina

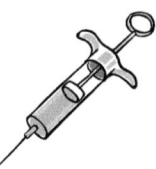

vakcinacija

vaccí

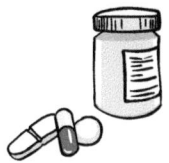

tablete

comprimits

pilula

píl·lola

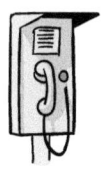

hitni poziv

trucada d'urgència

uređaj za merenje pritiska

tensiòmetre

bolesno / zdravo

malalt / sà

pomoć!
Socors!

alarm
alarma

nasrtaj
assalt

napad
atac

opasnost
perill

izlaz u slučaju nužde
sortida-eixida d'urgència

požar!
Foc!

protivpožarni aparat
extintor

nezgoda
accident

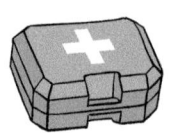

kutija prve pomoći
farmaciola de primers
auxilis

sos
SOS

policija
policia

Evropa

Europa

Severna Amerika

Amèrica del Nord

Južna Amerika

Amèrica del Sud

Afrika

Àfrica

Azija

Àsia

Australija

Austràlia

Atlantik

Atlàntic

Pacifik

Pacífic

Indijski okean

Oceà Índic

Antarktički okean

Oceà Antàrtic

Arktički ocean

Oceà Àrtic

Severni pol

pol nord

Južni pol
....
pol sud

Antarktik
....
Antàrtida

zemlja
....
terra

zemlja
....
pais

more
....
mar

otok
....
illa

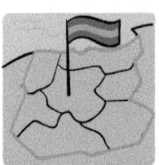

nacija
....
nació

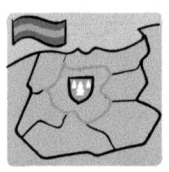

država
....
estat

brojčanik sata

quadrant

satna kazaljka

agulla de les hores

minutna kazaljka

agulla dels minuts

sekundna kazaljka

agulla dels segons

Koliko je sati?

Quina hora és?

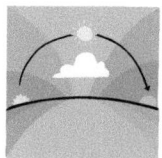

dan

dia

vreme

temps

sada

ara

digitalni sat

rellotge digital

minuta

minut

čas

hora

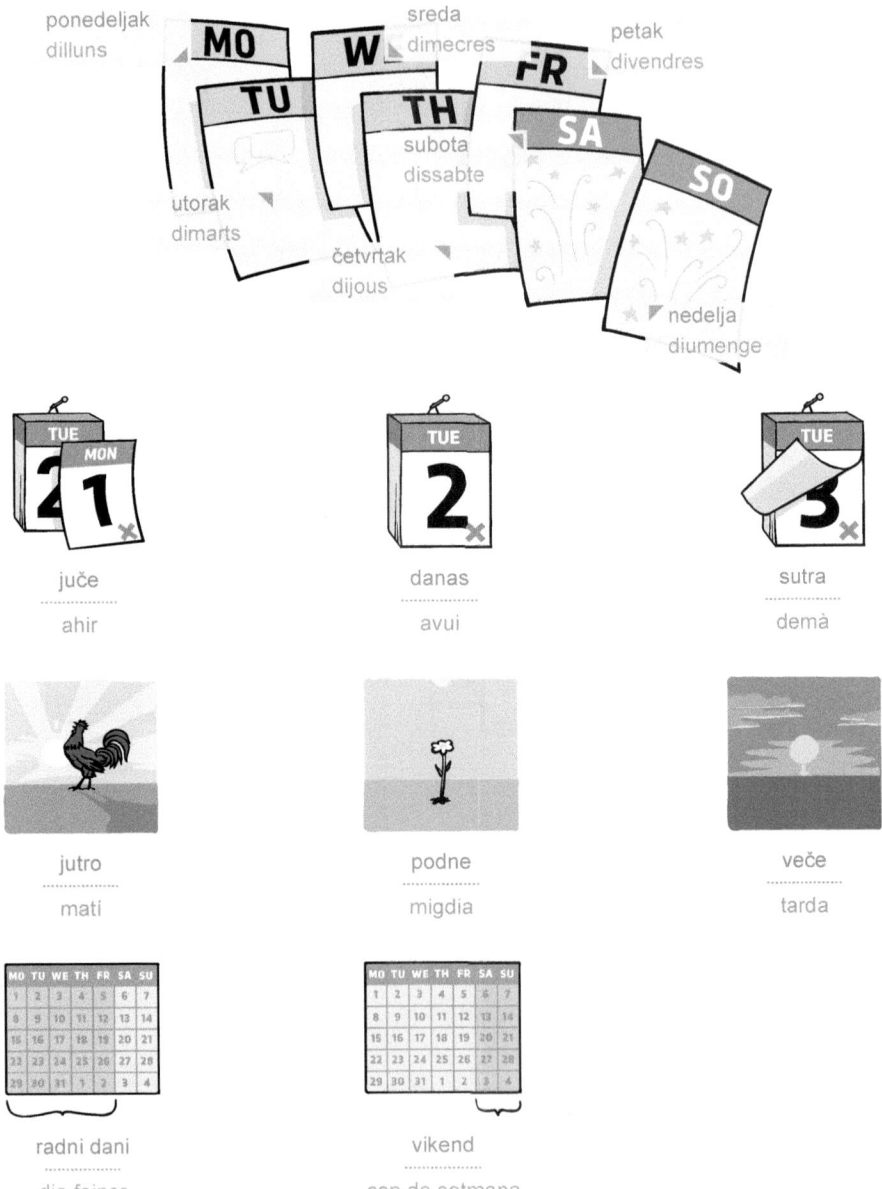

ponedeljak / dilluns — MO
utorak / dimarts — TU
sreda / dimecres — W
četvrtak / dijous — TH
petak / divendres — FR
subota / dissabte — SA
nedelja / diumenge — SO

juče
ahir

danas
avui

sutra
demà

jutro
matí

podne
migdia

veče
tarda

radni dani
dia feiner

vikend
cap de setmana

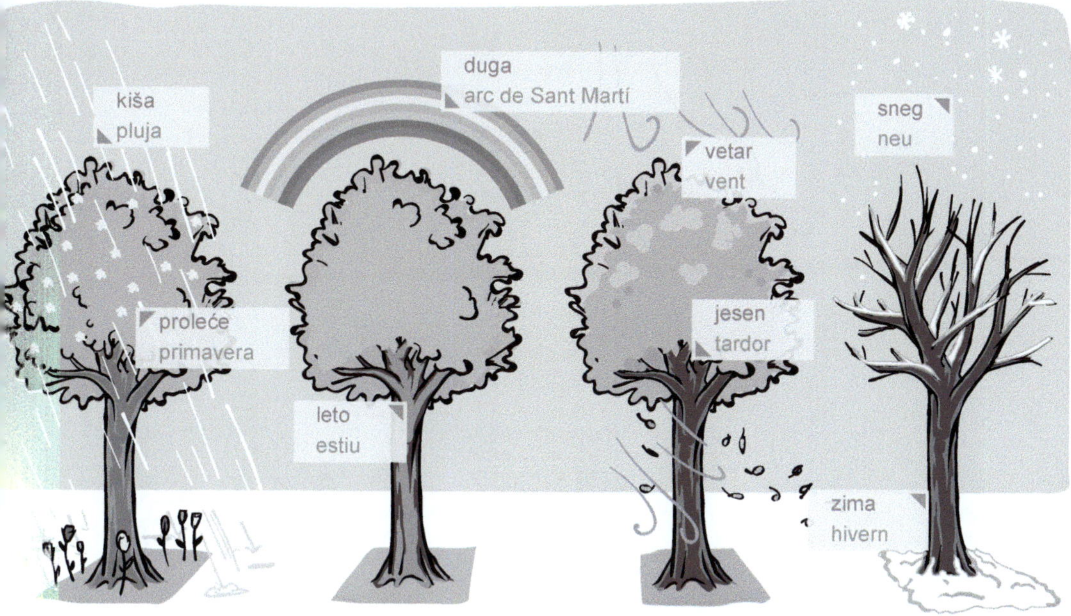

kiša
pluja

duga
arc de Sant Martí

sneg
neu

vetar
vent

proleće
primavera

jesen
tardor

leto
estiu

zima
hivern

meteorološka prognoza

pronòstic del temps

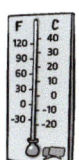

termometar

termòmetre

sunčana svetlost

llum del sol

oblak

núvol

magla

boira

vlažnost vazduha

humiditat de l'aire

munja

llamp

grmljavina

tro

oluja

tempesta

tuča

calamarsa

monsun

monsó

poplava

inundació

led

gel

januar

gener

februar

febrer

mart

març

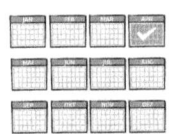

april

abril

maj

maig

juni

juny

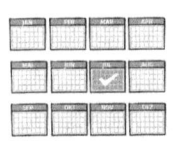

juli

juliol

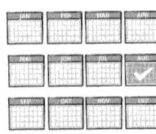

avgust

agost

septembar
....
setembre

oktobar
....
octubre

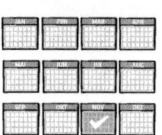

novembar
....
novembre

decembar
....
desembre

krug
....
cercle

kvadrat
....
quadrat

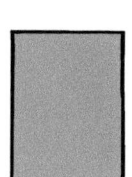

pravougao
....
rectangle

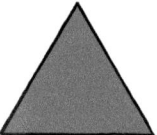

trougao
....
triangle

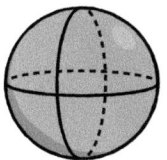

kugla
....
esfera

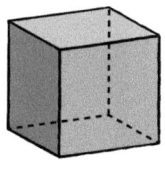

kocka
....
cub

bela
blanc

žuta
groc

narandžasta
taronja

ružičasta
rosa

crvena
vermell

ljubičasta
lila

plava
blau

zelena
verd

smeđa
marró

siva
gris

crna
negre

mnogo / malo

molt / poc

ljutito / mirno

emprenyat / tranquil

lepo / ružno

bonic / lleig

početak / kraj

començament / fi

veliko / maleno

gran / petit

svetlo / tamno

clar / fosc

brat / sestra

germà / germana

čisto / prljavo

net / brut

potpuno / nepotpuno

complet / incomplet

dan / noć

dia / nit

mrtvo / živo

mort / viu

široko / usko

ample / estret

jestivo / nejestivo

comestible / immenjable

zlo / dobro

dolent / amable

uzbuđeno / dosadno

entusiasmat / entediat

debelo / mršavo

gros / prim

na početku / na kraju

primer / darrer

prijatelj / neprijatelj

amic / enemic

puno / prazno

ple / buit

tvrdo / mekano

dur / tou

teško / lagano

pesant / lleuger

glad / žeđ

gana / set

bolesno / zdravo

malalt / sà

ilegalno / legalno

il·legal / legal

pametno / glupo

intel·ligent / ximple

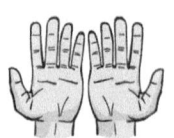

levo / desno

esquerra / dreta

blizu / daleko

prop / llunyà

novo / polovno

nou / usat

ništa / nešto

res / quelcom

staro / mlado

vell / jove

uključeno / isključeno

encès / apagat

otvoreno / zatvoreno

obert / tancat

tiho / glasno

silenciós / sorollós

bogato / siromašno

ric / pobre

tačno / pogrešno

correcte / incorrecte

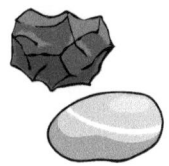

hrapavo / glatko

aspre / suau

tužno / sretno

trist / content

kratko / dugo

curt / llarg

polako / brzo

lent / ràpid

mokro / suho

humit / sec - eixut

toplo / hladno

calent / fred

rat / mir

guerra / pau

0

nula

zero

1

jedan

u

2

dva

dos

3

tri

tres

4

četiri

quatre

5

pet

cinc

6

šest

sis

7

sedam

set

8

osam

vuit

9

devet

nou

10

deset

deu

11

jedanaest

onze

12

dvanaest

dotze

13

trinaest

tretze

14

četrnaest

catorze

15

petnaest

quinze

16

šestnaest

setze

17

sedamnaest

disset

18

osamnaest

divuit

19

devetnaest

dinou

20

dvadeset

vint

100

stotinu

cent

1.000

hiljadu

mil

1.000.000

milion

milió

engleski

anglès

američki engleski

anglès americà

mandarinski kineski

xinès mandarí

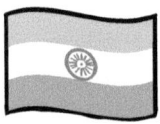

hindski

hindi

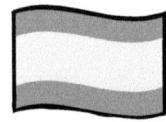

španski

espanyol

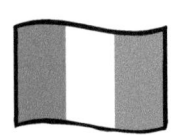

francuski

francès

arapski

àrab

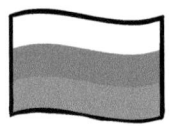

ruski

rus

portugalski

portuguès

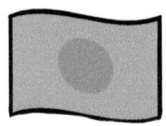

bengalski

bengalí

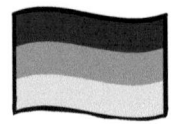

nemački

alemany

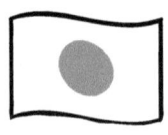

japanski

japonès

ja

jo

ti

tu

on / ona / ono

ell / ella / allò

mi

nosaltres

vi

vosaltres

oni

ells

Ko?

qui?

Šta?

què?

Kako?

com?

Gde?

on?

Kada?

quan?

ime

nom

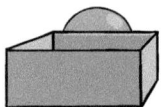

iza

darrere

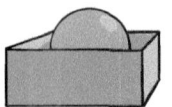

u

en

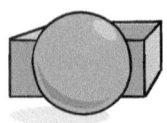

ispred

davant de

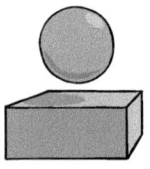

preko

damunt

na

sobre

ispod

sota

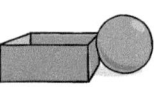

pored

al costat

između

entre

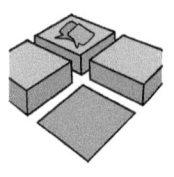

mesto

lloc